JN411469

내 몸엔 모서리가 없다

정애경 시집

시와 사람

내 몸엔 모서리가 없다

2025년 4월 21일 인쇄
2025년 4월 26일 발행

지은이 정애경

펴낸이 강경호 편집장 강나루 디자인 정찬애
펴낸곳 도서출판 시와사람
등록 1994년 6월 10일 제 05-01-0155호
주소 광주시 동구 양림로119번길 21-1(학동)
전화 (062)224-5319 E-mail jcapoet@hanmail.net

ISBN 978-89-5665-758-5 03810

값 12,000원

*잘못된 책은 구입하신 서점에서 바꾸어 드립니다.
*지은이와의 협의로 인지를 붙이지 않습니다.

이 도서의 국립중앙도서관 출판예정도서목록(CIP)은
서지정보유통지원시스템 홈페이지(http://seoji.nl.go.kr)와
국가자료종합목록 구축시스템(http://kolis-net.nl.go.kr)에서
이용하실 수 있습니다.

내 몸엔 모서리가 없다

■ 시인의 말

꽃들이 말을 풀어놓는 4월,
인간의 언어가 무색합니다
그동안 내가 피운 말들을 담은 시집이지만,
부끄러움을 감출 수 없습니다
시의 행간에 휘날리는 꽃들은
나의 혀이며 입으로 지나온 족적입니다
때로는 눈과 비에 젖고
햇빛에 그을렸지만, 감추지 않기로 하였습니다
어눌하고 거칠지언정
최선을 다해 내가 피운 꽃들이기 때문입니다
봄바람에 나의 꽃잎들이
멀리 향기를 전해줄 것으로 믿습니다
끝으로, 아들 이삭이와 며느리 유정이가
부부가 되는 날,
이 시집을 통해 축하할 수 있어
더할나위 없이 기쁩니다.

2025년 4월
정애경

내 몸엔 모서리가 없다 / 차례

제1부 벚나무 모텔

제2부 흰 꽃이 필 때

제3부 내 몸엔 모서리가 없다

제4부 추억 부자

작품론

내 몸엔 모서리가 없다

제1부

벚나무 모텔

벚나무 모텔

울음이 그쳤다
벚나무 모텔은 만석이었다
한창 꽃잎 부풀 때 벌들의 애정행각은 들통나고

존재를 과시한 숫매미 떼창에 움츠러든
거미줄에 매달린 애벌레의 운명이 흔들리고 있었다

아름드리 벚나무에 쉬어가던 것들은
재개발 공사 기계음에 밀려 얼씬하지 않았고
반년 만에 기계 울음이 그치자
휑하게 드러난 대지 위에 모텔 벚나무 층층
가지치기에 푸른 피를 허공에 흠씬 쏟고 사라졌다

베란다 건너
풍성한 꽃불로 유혹하던 벚나무 모텔을 엿보다
관음증을 앓던 봄날들
이제 벌처럼 새처럼 어느 모텔을 찾아 나서야 할까

매미는 부재중

울음이 메말라 버틴 손톱을 놓아버렸다
여름이 끝나갈 무렵
한번은 천둥으로 울고
한번은 장대비로 기울고

살아있다는 방증을 서로의 울대를 높이는 일

나의 나무가 잘렸다
비통할 슬픔의 진물을 닦을 시간도 없이
이제 천둥의 외침도 쩌렁쩌렁했던 울대의 각도,
흡수되지 못하고 고공행진이다

허공에 소음이 직진하는 결 따라
나의 나무는 풀썩, 드러눕는다 사지가 절단 난 채
어제 날던 새가 종적을 찾아왔건만 휑한 허공을
날개로 긁고 있다

허물어진 헐린 바닥을 포크레인이 긁고 있는 가장자리
소처럼 덩치 큰, 나무가 뼈만 앙상히 말라가고 있다
톱날에 마른 상흔만 흥건한 채

색맹의 남자

여름은 맹렬했다
매미만의 앙칼진 소음이 거슬리는 게 아니었다
어디서 날아들었는지
등 파진 꽃무늬 나시 잠옷을 걸친 등에
급소를 찌를 듯 침을 빼 드는 벌 한 마리
순간, 살기 위한 사나운 공격성으로 돌변한 격렬한 한판,
손바닥으로 내리쳐도
가냘픈 날개를 펼쳐 천장을 기웃거리곤
다시 내 몸, 꽃밭을 찾는 색맹의 눈!
그 사람도 색맹의 눈을 가진 벌이 되어
내 옷깃을 흔든다
가을을 날개에 얹고 코스모스에 침을 놓는 벌,
마른 입술이 부르튼다

위로가 필요해

빗방울을 쥘 수 없어
풀잎에 나약함을 고백했다
찬바람을 쥘 수 없어
나뭇잎에 나약함을 매달아 두었다
태양을 피해 강물에 발목을 밀어 넣고
벗겨진 살갗에 고백했다
잘 견뎌낸 풀잎에, 나뭇잎에, 강물에
모든 것들이 상처 내 질겨지며
온몸을 부딪쳐 지켜내야 비로소
언덕을 지켜내고
숲을 지켜내고
나의 연약한 숨을 지켜낸다는 사실,
풀잎이 독한 향을 품는 이유다

해체중

유효기간이 오래 지난 저층 아파트,
차곡차곡 쌓여있는 콘크리트를 포크레인이 들추자
검은 뼈대들이 휘어져 튕겨 나온다
부스러진 살들은 비산먼지로 풀풀, 흩날리고
벽을 타고 끕끕한 곰팡이가 갈겨놓은 오물 탓에
체온으로 익힌 구들장 썩는 냄새로 구토를 일으켰다
한때 사람들의 체온과 이야기를 간직했던 공간이
한층 한층 사라질 때마다
하늘이 제 자리를 채운다
아파트와 함께 했던 오래된 아름드리 소나무, 벚나무가
창백한 낯빛으로
바짝 긴장한 우듬지 가늘게 떨고 있다
'새들은 미리 알았을까'
낯선 기계 소음에 귀를 닫고
날아오지 않은 새를 기다리는
나무 어깨의 빈 둥지가 흔들리더니
급기야 전기톱에 다른 쪽 어깨가 싹둑 잘려 나간다
푸른 피를 쏟아내던 날
예보된 장맛비가 내렸다
무너지는 빈집이 울고 나무도 푸르게 울고

빗소리만 소리내어
죽은 집의 폐허를 종일 어루만졌다

꽃시에 만나요

풀꽃 시계를 채우며
"몇 시냐고" 묻는 그에게
앙증맞게 "꽃시"라고 대답했다

그러자
눈치 빠른 꽃바람 휘적이는 풀숲

봄날, 주말 오후 행간마다
꽃시에 몰려드는 플랫폼
무지갯빛 향기나는 풀꽃스러운 사람들

겹벚꽃

숨겨놓았다,
겹겹이 쌓여
쉽게 보여 줄 수 없다
그러나
너를 만나면 속치마마저 다 펼친다

상가 앞 가로수 등걸에선

팔목이 잘린 채 외다리로 버티고 있는 가로수에
봄철 이사가 한창이다
새싹이 등걸마다 배밀이로 영역을 재단하고
마른 물관을 빨아 올리느라 입술이 다 부르튼다
뱁새 참새 분주히 드나들며 봄 소문 퍼트리기에
부리가 닳는다
구역정리 잘 된 상가에서 쏟아져 나오는 입소문
이사 온 새싹,
온종일 머리가 쭈뼛거리고 귀가 안으로 닿는다
새 손님 날아 들어오지 않아 힘들다는 커피나무 하소연
개 단골손님 다른 곳으로 방향을 틀어 이사를 갔다는 바람의 전언
중국집 부부가 작년 봄바람에 취해 돌아오지 않고 있다는 점포
은행 채무 독촉장만 쌓여 가는 침묵이
묵처럼 굳어 덩어리진 무거운 공기층,
암울한 나날 걷어내겠다고 팔목 싹뚝, 잘려나간 나무에도 새 손님들이 신용회복장을 부리에 물고 온종일 지즐댄다
나풀나풀 풀어헤쳐 초록 물들인 이파리들이

소문 재운 상가를 뒤덮고 있다
봄빛이 날로 푸르게 번져가는 외다리에
불끈, 힘이 더 당겨지고 재생된 줄기세포가 팔목에 움찔움찔 자라나고 있다

감정 나무

꽃지고, 넌 등을 돌려 짐을 챙겼다
꽃은 또 그 계절에 필 테지만
한번 접은 마음, 빗물에 씻겨 흘려보내니
꼬깃꼬깃 구겨진 감정이 발등에 툭 툭 떨어진다
빗물만큼 야릇한 투명성을 잘 읽어내는 우린,
꽃술에도 배가 불렀고
손가락 끝에서도 향기가 났다
진하게 배어 삭힌 추억을 베어 물 때마다
달고 신 효소맛이 더 많이 우려나와
등 돌려 가려는 너의 등에 꽃잎처럼 말했다
금이 간 자존심에 꽃비가 되어 채워진 날
다행이다, 나무 베어지지 않고
그 자리에 있어서

희망택배

꽃들은 비튼 몸짓으로
세상을 향해 환희를 외친다

꽃들은 나를 향해 희망을 포장해
한입, 곱게 펼친다

꽃들은 봄날 향기를 퍼트려
가장 아름다운 절정을 새긴다

그렇게 봄은 꽃으로 탄생하는 것

지금, 나는 봄길을 내는 꽃길을 걷고 있다

밟혀 으깨진 꽃물에 꽃붓, 찍어
봄날을 아로새기고 있다

꽃들은 제 이름을 향기로 쓰고
먼 곳에 닿는다

봄길

꽃샘바람 갈무리, 숲 여백에
봄길을 내고 있다

조요한 햇살에 실눈 뜨는 꽃눈
차오르는 봄살, 부풀어 오른 꽃살

서로 사랑하라고 꽃길을 내고 있는 봄
빈손, 한 움큼 꺾어가는 너의 향기, 봄

밤에 하나님이 오줌을 누는 이유

한밤중 하나님은 참았던 오줌 줄기를 쏟아냅니다
체면 구겨질까 가로등 조는 시각 노상방뇨
깜깜한 지상이 조용히 젖습니다
저는 몰랐습니다 비 오는 날은 아침이 왜
늦잠 자는지를
밤새 헐거워진 오줌 줄기마저 사그라졌어요
여러 날, 아니 여러 달 참느라
혹여 전립선비대증을 앓는 건 아닌지
하긴 하나님 나이가 몇인데,
그거 아세요?
하나님 오줌발에 온 대지의 생명이 대를 잇고 족보를 이어간다는 사실
어느 곳에서는 하나님 오줌발 내리기를 간절히 기도한답니다

꽃살 내음

우리들 깨알같은 속삭임이 몽글몽글 맺혀
벚꽃이 팡팡, 터지는 거라고

소매를 걷어붙이고 이마까지 올라온
발칙한 봄,

한 줄기 햇살을 늘어 잡고
꽃 입술 비벼댄 꽃살이 허공에 부풀고 있다

꽃밥, 나실나실 퍼진 봄날!
꽃잎의 향기에 멀미한다

지금 봉오리엔
응축된 꽃내음 빼곡히 박힌
꽃살이 뒤틀리고 있다

손에 잡힐 듯 한아름 향기나는 봄
품에 안길 듯 그리운 그 사람의 봄

봄, 블루스

그대가 보내온
까치가 물고 온 연서 잘 받았습니다

꽃바람 뒷목덜미가 간질거리는 날
눈썹이 닳도록 휘날리며
찰떡 호흡 호호, 불어가며
시침과 분침이 하나 되는 시각

봄의 둔덕 아래에 일침을 놓고 벌벌 기다
날아가버린 땡벌 한 마리 뒷꽁무니에
비릿한 밤꽃향 질펀한 봄 마중 기대하라는

이제 들녘에 봄의 혁명을 예고합니다
얼었던 땅이 뒤틀리고 마른가지에 촉을 틔우는
꽃들의 산통이 지각을 흔듭니다

샛길에 꼬물거리는 아지랑이 꽃길 타고 블링블링 앙증스럽습니다
그대의 봄처럼

돌, 등에 핀 멍

바람에 흠씬 두들겨 맞은 돌이
돌고 돌아 골짜기 산골 물에 오래 잠기면
이끼의 파릇한 생기가 기생한다

돌 등에 앉아 무릎을 접고
셀 수 없이 밟힌 족적,
시간의 연혁이 등에 새겨져 닳고 있다

스스로 무게를 갈아 물밑에 족적을 남기고
부피를 줄여 이끼로 봉분을 두르고

틈새에 세운 애기똥풀,
노랑 냄새 풀풀 풍기면
산새도 벌레도 다람쥐도 까치발을 들고
살포시 돌 등을 건너 제 길 간다

돌무덤 파헤치자
오래 전에 굳은 아버지의 뭉친 근육 한 덩이가
검푸른 이끼를 두르고 돌 등에 박혀 굳어 있다

반려 伴侶

집을 비운 사이 화초 사지가 축 늘어져 있다
통창으로 들어온 햇살은 짧게 머리를 자르고
금세 사라져버린 검은 꽁무니에 찬 기운만 을씨년스럽다

비집고 들어온 바람에 통풍 걸릴까
입 틀어막은 문틈에 바늘귀가 벌렁거리고
집 안에 내린 먼지가 켜켜이 벽에 침묵을 바른

방치된 학대에 누렇게 뜬 잎줄기,
늘어진 사지에 쌀뜨물을 끼얹자
서서히 물관을 세우고 바짝 탄 입술을 움찔거리는 생기

그녀의 손길에 벗어날 수 없는 여린,
푸른 꽃대를 어루만지며
깁스를 푼 내 손목 위로 도발적인 동백,
짙게 바른 붉은 입술 겨울을 보내고
벙거지 쓴 매화, 입술 벙근 봄이
어깨까지 내려왔다

재회

온다는 말에 들썩거리고

오고 있다는 말에 틈을 벌리고

언 발등에 햇볕 쓸어모아 다독이는 기도

닫혀있던 말문이 슬슬 풀리는 소란

꽃등을 타고 번져가는 봄의 마중물

그대 온다기에 꽃샘바람, 펄펄 끓이는 중

빈집

빼대가 드러난 휑한 고층 나뭇가지
듬성듬성 집 한 채, 얼기설기 지어놓았다
삭은 삭정이를 꺾어 문 부리에
노을 잇는 용접 불꽃이 튄다
먹이 물어나르는 빈 부리 허기져도
혹한에 몰려든 노을이 둥지에 불 지피면
그걸로 충분
겨울비 처연히 젖어 들면 욕심 없는 새,
웅크린 날개 감싸는 부푼 달그림자
어느 계절에 무성한 잎들 귀를 뻗치면
거푸집 날리듯 온전히 사라진
일년살이 재건축 빈집,
골골, 골바람 틈을 벌리면
푸른 꽃, 허공에 향기를 뱉고

연꽃

나의 혼탁이 정결에 시비를 걸 때
뿌연 매연이 허공을 덮듯
위장된 비둘기되어 날개를 접었다폈다를
반복합니다

회색 도시를 휘저어 맑은 숲 깊숙이
혼탁해진 시비를 던져버립니다

흠씬 쏟아낸 구슬 같은 오독의 말장난이
날 선 칼끝에서 춤을 출 때

접힌 오금을 펴지 못하고 나뒹구는
바싹 마른 잎,
발밑에 부스러집니다

헐거워진 마음 자락에 꽃불, 켜는 그대!
향기를 태워 풍경소리 낭창낭창 퍼져오는 고요한 날

저무는 빈 숲에 날개 매무새를 정결하게 매만지며 내려놓습니다

더부살이

삭정이 훤히 드러낸 늙은 나무들의 숲
눈 쌓인 우듬지 어깨쯤엔
파릇파릇 미역귀 잎 뭉치가 가닥가닥 피어난다
나무에 소금절인 푸른 잎이 자랄 수 있을까
물떼새 머물다 날아간 족적에 핀 애살
겨우내, 겨우살이 옹고집에 꽃살이 부풀고 있다

요즘 한달살이가 들불처럼 전염이다
흘리듯 구워삶은 농담 한마디에
기생하는 말씨가 뇌피질을 갉아 파고든다
낯설지 않은 낯선 말씨, 한 톨
뱉은 독백이 마른 가지에 걸려 겨우살이로
새 봄이 몽실몽실 부풀고 있다

제2부

흰 꽃이 필 때

흰 꽃이 필 때

첫눈 보기까지 아득해진 그 거리에 네가 서 있었고

인연 만나기까지 굽어진 모퉁이 너머에 내가 서 있었다

우리의 사랑이 먼 허공을 가득 채워
눈으로 내리길

그 거리를 홀로 걷다가 어깨에 툭 떨어진 흰 꽃,
너를 기억한다

거리를 메우는 흰 꽃에서 건조한 겨울 냄새가 났다

움츠린 날개 사이에 시린 손끝이 다녀가던 날
바닥에 쌓인 흰 꽃들 무참히 밟혔어도

눈은 그들의 기댄 어깨에 하얗게 피워냈다

문득

늦은 밤 부재중 한 통,
깊은 밤 수신 문자 한 줄

자다 깬 무음 해제
수년이 흘러도 하루처럼 설레네

짤막한 그리움의 시간, 잠시 흔들렸을
작년, 상사화 피는 애절한 구월이었다네

사랑

여명보다 먼저 눈을 뜨고
알람보다 먼저 기지개를 켰다
이젠 그럴 나이,
내가 세상을 깨우고
먼 곳에서 꽃 피우는 국화에게 춥지 않으냐고
눈썹 그린 달 띄워 안부를 묻는다
오직, 내게만 보이는 국화 한 송이
깊다, 그윽한 향기 저물도록

그대 생각

그대 올 줄 알고
꽃으로 피어 꽃바람 부릅니다
더디 천천히 바람 타고 오셔요

여러 날 그리움에 배고픔도 모르고
눈멀었습니다
눈물 방울 겹겹이 굳어 꽃잎 된 사연

그대 아실른지

꽃 지면 그대 뒤돌아갈 것 같아서
나 드라이플라워, 뭉텅 피었습니다

촛농 빚어 단단히 굳혀
흔들리지 않는 계절 행간에서
그대 숨결로 오롯이 꽃불 피어오릅니다

여러 날,
그 꽃만 바라보셔요

닻

나의 계절이 들숨 속에 들어올 적에
너의 마음이 날숨 속에 콕, 박히고

나의 바다가 날숨으로 떠밀려 갈 적에
너의 사랑은 들숨으로 먼 길 되돌아온다

스스로 묶은 고리를 풀어 그 계절 다시 오고
숨과 숨을 매듭지어 묶어놓은 인연의 닻,

오후 11시

그 창문으로 밤새 눈이 내리고
두 가슴에 펑펑 쏟아지는 온기
주무르지 않아도 눈뜨면 실낙원 같은
머리 위를 수북이 밟고 날아간 성근 눈
눈 사막 따라나서던 뽀드득 웃음소리
앞서거니 뒤서거니 잔바람 휘파람에 떠민
네 개, 발자국

눈 속에 갇힌 달

자정,
창문을 열고 흐린 하늘을 뒤적거렸다
달이 보이지 않았다
오늘따라 초승달이 몹시 그립다
함께 눈 맞추며 바라보던
그의 눈썹 닮은 초승달
돋보기안경을 써보기로 했다
실핏줄 얼기설기 얽힌 뿌연 허공
눈발 걷어가는 잔바람도 얕은 잠에 들었는지
열린 창문 사이 비집고 안기는 부드러운 결
손을 뻗치면 금방이라도 덥석, 한 움큼
눈송이 같은 하얀 웃음을 안겨줄 거 같은
밤, 눈썹만 매만지다 동공을 닫는다
허탈하게

데이다

가을 노을이 저리 붉은 건
타오르다 만 먼 산, 홍엽의 잔불

가슴이 이리 뜨거운 건
타오르는 너의 영혼의 잔불 때문

불꽃에 데이면 흉터 자국
사랑에 데이면 아물지 않은 후유증

폭설

밤새 하얗게 멍들었다
굳이 말하지 않아도
네가 있는 곳으로 흐르고 있었다

밤새 파랗게 질렸다
굳이 말하지 않아도
하얀 눈물 닦아줄 이, 너라고 하자

바다는 더 격정적으로 출렁거렸다
굳이 쌓이지 않아도
넘실넘실
눈덩이로 불어나는 너의 그리움

복숭아

땡볕에 이마가 먼저 데이고

수줍게 붉어진 가슴,

물컹한 살집 속에 굳은 뼈

봄날,

복사꽃 훔친 입술,
앙다문 채 짱박혀 있다

사랑을 줍다

겁없이 떠났다

남해바다는 외롭다 하고
동해바다는 사랑하라 했다

부서져 쏟아지는 윤슬에
흔들리는 고독한 눈망울

길을 묻지 않아도
길을 만나고

사랑하지 않으려 해도
낯선 길 위에서 사랑을 줍다

다시 그 자리
그리고 제자리

빈집에 불을 켰다
당신의 온기로

이제 그대가 곁에 있어
다시 사랑을 깨문다

내 사랑, 신호등 없는
직진이다

이른 안부

별이 조는 시간 눈이 떠졌다
유독 밝은 저 별, 눈 맞추다
취하지 않았는데 흘림체로
곁에 있는 그에게
이른 안부를 묻는다, 꿈속 어디쯤 헤매느냐고

어느새 동쪽 볼이 붉어지는 시간
별 무리 깜빡이 등을 끄자
자동차 깜빡이 등을 켠다

교대하는 하루 첫 장,
교차로에서 그를 기다린다
맑은 해에서 환하게 웃는 별을 본다
예각으로 빛나는 내 눈에 담긴 그 별

무지개 꽃

슬며시 피었다 흔적 없이 지는
그런 꽃 되기 싫어서, 색깔을 덧입혔다

그 중 네가 내게 왔다

가끔은 비로 씻기우고
때론 빛으로 웃게 하는

나의 옷깃은 늘 푸르렀다

네가 지켜보는 동안
네가 지켜주는 일생

무지개는 사라지지 않을 거라고

남자인 척 하는 남자

한 번도 당신은 아프다고 말 한 적 없었지요
평생, 든든한 나무로만 생각했나 봐요
나무도 나이 들면 작아지고 점점 말라가요
깨달음은 늘 어떤 원인에 의해 늦게 반응해요
당신은 마른 눈물을 훔치곤
눈동자를 허공에 두고 별일 아닌 듯 감정 정리를 하죠
남자여서, 남자이니까, 남자인 척
새벽, 뒤척이는 등줄기에 고민을 괴고
묵힌 체증이 식은땀으로 흥건할 때
혼자 삭혀야 하는 치통 같은 시간으로 꼬박 샌 밤
야윈 낯빛에 드리운 퀭한 그림자
남자의 안색을 살필 때 연민이 밀려와 울컥,
미처 정리되지 않은 감정이 볼을 타고 흐르죠
이젠 나무에서 벗어나 센 척하지 않아도 돼요
충분했으니, 그간 가장으로서 충분했으니

완벽한 선물

신은 그들에게 추를 달아주셨다
외관에 도드라지지 않은 심볼로
중심을 잘 잡고 사는 동안,
기울어지지 않는 추가
기울어진 지구의 각을 버티며 당당했다
그의 텐트를 걷으면
땅을 향해 머리를 숙이다가도
하늘 향해 꼿꼿이 발기찬 그것
신이 그들에게만 달아 준 가장 완전한 선물이었다
지구가 돌듯 그들의 둥근 기둥이 솟구치며 돈다
뿌리도 없는 살 속에 박혀, 뼈대도 없는
세상의 중심

밤나무골 아랫동네 경로당

뻐꾸기 우는 유월이면 울울창창
뒷산 밤나무밭은 한창 신혼이다
후끈 달아오른
물오른 잎과 잎을 밀착, 꽃잎 비벼 들추면
질펀히 녹아 흐물거리는 바밤바 맛,
그 남자 거친 압력에 뿜어낸 비릿한 양물에
코를 처박고 헤어 나오지 못하는 신생 꿀벌 떼,
아랫마을 경로당 마당에 은은히 실어 나르는
눈치코치 없는 마파람
가을이 돼서야 열린 자궁을 빠져나온 알밤
한 광주리
반질반질 윤기 나게 실한 귀두를 매만지는 손길
풋밤이 익어가던 한창 시절도
이젠,
까맣게 잊어버린 흐린 기억
수컷 향 진하게 풍겨오는 유월 밤나무골 백발노인,
주책없이 화장실만 들락거리고

태양초 고추

지구는 온몸이 불덩이가 되어 들끓고 있었다

푸르던 이랑이 바지를 내리기 시작하자
후끈, 달아오른 꼿꼿한 고추들
그녀들 손놀림이 바빠졌다
야릇한 음담이 오고 갈 새도 없이
비 오듯 쏟는 땀방울이 둔덕에 후드득 떨어질 때
손길 위에 붉어진 고추

저녁무렵, 보글보글 뚝배기에
탱글탱글한 고추를 싹둑, 잘라 넣고
입안 가득 태양초를 씹는 사람들
시들해진 석양이 왜 바삐 바지의 지퍼를 닫는지
황혼즈음 알게 될 것이다

태양초에 몸을 섞는 것들이 있다
느글느글거리는 폭염엔 고추장 쓱쓱 비벼 삼키면
이글이글 타는 속,
뻥 뚫리는 매운 맛 기운에 느껴지는 쾌감,
골라낼 수 없는 참기름에 정붙이고 사는
비빔밥 같은 우리의 生

콩나물

무색 콘돔은 가라!

검정 콘돔을 뒤집어쓰고
노랑 콘돔을 뒤집어쓰고
파랑 콘돔을 뒤집어쓰고
검은 장막을 친 시루 안에서 쑥쑥,
키를 세우는 발기된 콩나물
콘돔은 달라도 품종은 하나
표피를 벗겨낸 귀두에 노란 쌍떡잎 두 장
너무 길게 세워도 맛이 떨어지는
밥상에 단골 반찬
조물조물 잘 무친 고소한 손맛
당신, 한 입 맛보실래요?
입 안에서 잘게 부서지는 콩잎,
부풀어 펼쳐진 콩밭 이랑에
바지춤을 내리는 그녀들 수다
해 떨어진 줄 모르고 시루를 깨는

발칙한 홍매화

제 갈비뼈를 뚫고

영혼의 정수를 피워 올린 꽃

건조한 자궁에 꽃샘바람 향기 지피면

발그레 홍조 띤 볼, 엷은 입술 쪼갠다

바람이 스치는 애무에

덜컥,

앞섶 풀어 헤치는

발칙한 홍매화 녀ㄴ!

불 지핀 가슴 어이하라고

홍매화

혹한에 집 밖을 나가지 못한 근질근질한 여자가
깡마른 나무에 한땀 한땀 뜨개질한다

변방에 서 있는 나무에 뭉텅뭉텅 눈꽃도 새겨넣다 풀고

집 없는 새의 둥지도 뚝딱, 지었다가 허물고

송곳같은 바람이 마른 몸피를 헤집어놓았다 풀어헤치기
여러 번

마침내, 깡마른 몸피에서 마릴린 먼로 닮은
그 여자 치마를 걷어 올렸다

그 여자 내뿜는 질펀한 향기에 끌려
달려드는 벌과 나비들

박제된 뜨개질 나무 봄바람 났다고!

이제 겨울 빗장을 풀고 그 여자,
보일락말락 허벅지를 드러내는 뽀얀 속살

어쩌나, 아직 꽃샘바람 눈도 안 떴는데

제3부

내 몸엔 모서리가 없다

내 몸엔 모서리가 없다

나는 모서리가 없다
손톱 발톱 머리카락까지도
둥근 기둥을 따라 더듬어가면
부드러운 곡선에선 찰랑거리는 소리
그 속엔
해, 달 한줄기 둥글게 말아져 혈관에 고여
붉은 혈맥 뿜어 올린 나만의 꽃, 피웠다
가끔 덜 여문 언어가 튀어나와 모서리가 된 말,
이젠 다듬어져야 하는 저무는 나이,
둥글게 밀어 올린 허공에 둥글어져 버석해진
모서리 없는 고목의 휘어진 척추처럼
내 몸엔 모서리가 없다

아홉수 끝

나는 12살이 되면 어김없이 죽습니다
숨차게 달려온 지구를 일초도 쉼 없이
초침은 각을 세워 둥근 궤도를 따라 쳇바퀴를 돕니다
정확성을 잃으면 숨이 멎을까 봐 깊은 어둠에도
깊은 사막의 골짜기를 건너고 있었지요
벽시계 밑에 ㅇㅇ 은행이 선명히 찍힌
하얀 달력을 힘겹게 뜯어내던 수전증 걸린 손
절벽에 매달려 간신히 버티는 마지막
한 장,
언제 벽에서 떨어질지 모르는 마지막 달력처럼
아홉수 끝에 대롱거리는
아흔, 노모의 가쁜 숨
그녀의 벽시계를 멈추어 놓으면 생이 더 이어질까요?

新築

해체된 집에서 아버지 냄새가 났다
집은 뼈대가 나뉘고
딱딱한 살점들은 가루가 되어
덤프트럭에 실려 강변 어디쯤
무지개 같은 봉분을 만들었다
일부는 바람이 먹튀하고
일부는 강물이 훔쳐 바르고
개망초 달맞이꽃이 마른 즙을 빤다
장대비 훑고 간 자리
유실된 살점이 바람 따라 나서고 강물 따라 흐르다
빈 집에 앉아 추억을 더듬다 보면
어느새 세련된 블록이
하늘 향해 차근차근 밟아 올라간다
몇 톨 남아 떠도는 돌가루에 미세한 온기를 지피면
아버지 웃음이 푸르게 번져 와
양은 주전자에서 출렁거리던
우윳빛 젖줄 같던 막걸리 한 사발 쭈욱 들이키던
피로회복제 한 모금
아버지 살았던 죽은 집이 남기고 간
철골 뼈, 돌가루 피부, 도어락, 샷시 유리가

새집으로 태어났다
반짝반짝 고층 아파트에 불이 켜지고
이식받은 눈망울, 초롱초롱 일렁인다

재건축 공가

계단 낮은 아파트,
벽이 뜯기고 금이 간 구멍으로 세월의 묵은 때 드러나 보이는 외관,
오래 들락거렸을 버석한, 한 생의 무게를 내려놓고
늙은 아버지처럼 폐부가 헐어 수명이 다 되었다는 진단을 받았는지
접근금지 띠를 두른 가림막에 재건축 이름표가 새겨졌다

빈 집엔 길고양이들 한창 신혼이다
언제 헐릴지 모를 그날까지
억장을 깔고 억소리 나는 집에서 거저 누릴 수 있는
고양이들, 생의 역전이자 로또 당첨이다

가림막 너머 아파트 화단에 꼰지발을 든 홍매화가
봄살에 차오른 실한 꽃망울을 팡팡, 봄볕에 튀기자
꽃샘바람에 쓸려 온 주인 체취가 가시에 찔려
터진 결막이 진자리 마르고 있다
숨, 틀어막은 청춘
덧대어 꿰맨 낡은 습관처럼 그날의 기억

유리창 걷어낸 베란다 난간에 미처 챙기지 못한 펑퍼짐한 속바지가
팔랑팔랑 가랑이를 벌린 채 한 해를 넘기고 있다

재건축 앞두고 뒷산 유택에서
집 걱정 안 하고 주무시는,
봄이면 홍매화로 피어 다녀가시는 아버지 어머니

이른 아침 굴삭기 굉음에
휘번덕 놀란 꽃망울
벽이 허무는 집 안을 들여다보다가
백매화는 그곳에 두기로 했다
홍매화도 그곳에 두기로 했다
봄마다 개화되어 꽃으로 이름 부르면
꽃불에 그리운 얼굴 부풀어 켜진다
품속, 그 향기로

줍다

줍는 날이 더 많아져 간다
줍는다는 건 버리는 것을 닮았다
실한 밤톨을 골라 줍고
잘 여문 낟알을 골라 줍고
팔딱거리는 생선의 아가미를 골라 줍고
시금치와 양파의 신선도를 주워 바구니에 담고
언젠가 우주에서 떨어진
때 묻지 않은 당신의 심장을 골라 줍기도 했다

황혼의 달팽이관을 흔들어 비껴가는
서쪽 하늘 노을 아래에서
지팡이에 의지해 건너가는 당신의
등 굽은 뒷모습을 주워야 하는 날이 온다

함께 살아버린 날들을 파헤쳐 희로애락 한 줌,
쪼그라 들어가는 심장으로 줍다가

떨어진 낙엽을 주워 올린 손으로
"처음사랑"이라 새겨보고 싶다가

아파트 경비원의 분리수거 손놀림처럼
오늘도 무언가를 뒤적여 나를 줍는다

내 입에선 가끔 삑사리가 났다

살아오면서 얼마나 많은 말을 했는가
그러나 얼마나 많은 할 말이 남았는가

내 입은 피아노 같아서
때론 조율되지 않은 건반에서
삑사리같이
말이 쏟아져 나오기도 하였다

두들기고 씹고 지껴대고 나면
후련했던 적도 있었으나

입 속이 따가웠다
입 천장이 헐어 있던 날도 있었다

음 이탈로 고막을 막아야 했던
피아노 앞에서
내 입의 삑사리를 떠올려 보았다

오늘은 꽃을 보러 가기로 한다
꽃을 보아야 꽃을 말할 수 있음이었으니

조율사는 지금 얼크러진 피아노의 입안에서
뻑사리를 찾아내어
입을 조율하고 있는 중이다

사막 모래 뼈

태양이 달 구워놓은 붉은 모래사막 언덕에 서면
허물어진 지평선 경계에 불꽃이 하늘을 덮는다

식지 않는 열기가 서늘한 밤
차가운 별 무리 꼬리마다 불꽃 피워 각을 세워 꽂는다

한바탕 모래바람 회오리 춤을 추면
산 자에게도 거대한 무덤이 만들어지고

이름도 없는 잔뼈 가루 세월에 묻혀
건조한 바람만 모래 파도를 타는데

이방인 흔적도 없이 지워진 발자국에
비켜가는 노을이 황홀하다

집시처럼 또, 어디로 가는 걸까
저무는 사막엔 모래 뼈들이 고요하다

종의 기원

종탑에서 소리가 걸어 나온다
찢겨진 추문이 탑 사이를 비집고 세상을 떠다닌다
고해성사는 또 다른 비밀의 열쇠를
가슴에 품는 일
쏟아지는 수천, 수만 개의 울림이
진공 속에 포장되어 있다
추문이 세상 밖으로 나오기까지 종탑은
무거운 침묵으로 종의 기원을 억누르며 들어야 하는가
쪼개진 종탑을 기웃거리는 천둥에
비밀은 파괴되고
기도는 번갯불 같은 허상에 타오르다 끝이 난
허물어진 생,

섬돌

돌 하르방, 수국을 피워 벌들을 소환했다
시간 속 묵상기도에 까슬한 바람을 품고
벌에 쏘인 돌덩이 코가 자라고 있었다
벌과 사라질 수국에선 그녀의 향기가 배어나왔다
돌 하르방 콧잔등엔 기도로 새긴
수 많은 지문이 닳고 있다
끝내 바다를 건너 오지 못하고
섬돌이 되어버린 화석

가을을 깎다

사과도 감도
붉어진 것이라 깎는다
입안 가득 흥건히 배어 나온 생즙
물오른 사십의 살집이다

해도 달도 별도
저절로 붉어져 스스로 깎는다
뭉크러진 구름이 왜 바삐 가는지
가을 밤 시리게 푸르도록 깎아놓았다

아직 깎아내지 못한 나를
깎아내기에 참 좋은 계절
모나지 않게, 돌려 깎아
모서리를 가을볕에 문지르고 국화꽃으로 웃는다

압축 되어 가는 중

경첩이 삐거덕거리며 겨울 해를 닮아 가고 있었다

팔십이 넘은 엄마는
요즘들어 광대뼈가 도드라지게 튀어나오고
허공 가르던 팽팽한 이마는
주름이 접히고 살이 처져 내려온다

몇 해 전 사드린
몸에 꼭 맞는 꽃무늬 블라우스가
낭창해져 헐렁해져 폼이 죽었다
뒤뚱거리는 엉덩이 감싼 채
옷자락 펄렁거리며
키 작은 허수어미 되어 걸어간다

아흔을 넘긴 지 오래,
시어머니는 혼자 힘으로 할 수 있는 일이 하나도 없다
이마는 허공을 떠나 바닥을 베고 누웠고
출렁이던 젖가슴은
바닥을 드러낸 가뭄의 우물이 되었다
오목해진 입술을 겨우 열어

죽 몇 스푼을 간신히 넘길 뿐
살비늘 벗겨진 얇은 막 살갗은
스치기만 하여도 찢어지고
검버섯 핀 곳마다 굳은 피딱지가
눌어붙어 상흔을 덮고 있다

주인이 외면한 옷들이 서랍 안에서 키를 줄이고
주인은 관棺에 맞춰 부피를 압축시키는 중이다

십자가

손톱이 자라 나오듯 생이 끝날까지
그대 가슴엔 몇 번의 사랑이 자라났을까요

잘라낸 흔적을 바람에 잘 실려 보낸 다독이는 날들에

눈물 자국 남지 않았기를
그대의 사랑이 멍들지 않았기를

단 한 번의
영원한 사랑이라고 말하는 그 입술이

십자가 아래
가시로 긁혀, 붉은 피로 흘러내립니다

더 이상 자라나지 않을
빠져버린 손톱처럼 입술에 손톱이 돋습니다

이젠 자유

보름째, 감금된 생각이 문을 열고 나가면 돈에 자유라고 낙관을 찍어 거리를 활보한다

철새 한 무더기 허공을 누비며 길 없는 길 휘저어 자유라고 날갯죽지를 턴다

마지막 잎새 홀연히 떨구며 이제 자유라고 바람에 몸을 맡기는 나목은 한결 가벼워졌다

살아있는 것들은 통제구역에서 더 큰 자유를 갈망하며 목젖이 타도록 해갈의 갈증을 느낀다

낮과 밤을 감금할 수 없듯 나의 생각을 가둬둘 수 없어 네가 있는 곳으로 방목한다

버거운 하루 칼춤을 춘다

밤을 깎으면 밤이 되고
사과를 깎으면 사과가 된다
해를 깎는 낮,
하루가 버거워 손을 놓아버린
어스름한 황혼의 서쪽 하늘 노을이 뭉개지고 말았다

구두의 뒷굽이 말발굽보다 빠르게 닳던
매일 출근길 전쟁

시간은 기다려 주는 법 없는 원칙을 내세워
칼처럼 부러지지 않는 칼 출근에
칼 시간에 오늘도 칼춤을 휘두른다

베어도 베어지지 않을 시간과 해를 잊고
무뎌지는 쳇바퀴로 지구를 돌린 지 오래
가끔, 포기가 빠른 게 실익이 될 때도 있다

배추 포기는 태양을 한 쌈씩 싸 켜켜이 둥글게 말아 여민다
해의 걸음이 짧은 탓에 시간을 다투며
한겨울 오기 전 포기를 꽉 채우고 서로를 껴안는다

뭉개진 노을이 적도에 닿으면
각지게 깎아놓은 별들이 총총 매달려 박혀 있다
누군가 베어먹다 만 달이 점점 몰락한다

어둠에도 나는 사과를 밤을 돌려 깎는다
누런 벼를 노란 배를 가을이 돌려 깎는다
풍성한 가을 내린 즙이 지구란 웅덩이에 흥건히 고인다

가끔, 지구가 버겁다고 지축을 흔들면
나는 내 몸, 모난 모서리를 둥글게 말아
자궁 속으로 밀어 넣는다
그제서야 하루를 오롯이 깎았다는 안도감

배탈 난 냉장고

싱싱하고 신선한 것만 골라 먹는
식탐 많은 먹쇠,
밀어 넣기만 하면 넙죽, 다 받아먹고도
얼굴빛 변하지 않는다

유통기간 지난 것까지 꾸역꾸역 삼키더니
마침내 배탈이 났다
층층 칸칸으로 설계된 위장에선
소화되지 못한 끈끈한 진액이 뒤범벅되어
시큼한 냉기, 비릿한 구린내, 곰팡이 꽃
과묵한, 꾹 다문 입을 벌려
손을 넣어 억지로 게워 내면
친정엄마 조물락거린
시어 꼬부라진 철 지난 김장 김치 몇 가닥
무 뼛속까지 녹아든
시큼한 동치미 묵은지 몇 토막
화염에 데어 조림 당한 새까매진 검은콩 한 사발

그물 덫에 걸려들어 육지로 팔려 온
꽃게, 새우 흐물거리는 간장조림

불끈불끈 잘 발기된 풋고추들 팔팔 끓여 달인 장맛에
힘을 빼버린
곰삭은 고추장아찌

속을 다 비워낸 위장에 냉기가 가파르게 흐르고
게워 낸 토사물은 분쇄되어 가루로
대지에 다시 뿌려진다

폐선로 위에 선명한 바람자국

계절을 밟고 걸음은 빠르게 회귀한다
꽃이 피었다 무덤덤 지고
잎을 감싸고 귀를 잡아당기는 그림자 위로
햇살은 시간을 그리며 한 치 오차 없는 교차로를 지나간다
게으른 폐선로 심드렁 드러누워 이슬에 젖고
오지 않을 기적소리에 애먼 개망초
끓는 열기 풀풀 대며 삿대질 해댄다
까마득히 멀어지는 기차가
젊은이들 양지로 떠날 때
달리던 발자국마다
꾹꾹, 박히던 선로의 심지엔 뜨거운 갈증이 식을 줄 모르고
칸칸이 입으로 뱉어내던 수많은 인적이
오늘은 고요하다
한낮 살랑거리는 바람 타고 흔들어대는
개망초 씨앗을 품고 날려가는 폐선로 틈으로
어제 머금은 물기가 철길을 닦고 있다
이슬이 반짝거릴 때마다 당신 눈빛이 왜 촉촉해져 오는지
물음표를 개망초 위에
슬며시 얹어놓고 사라지는 바람 자국,
계절을 떠미는 간이역에서 나는 가슴을 보듬는다

동백

겉잎이 필 때마다
속잎은 움츠렸다
눈을 떠, 따가운 햇살 결을 스치면
붉어진 통증이 한 잎씩 펴 올린다
두려움에 질끈 눈을 감고 엄마의 목말에서
이 세상 가장 예쁜 왕관을 쓰고 향기를 터뜨린다
푸르게 한껏 웃다가도 한순간 우울 비를 터트리는
개념 없는 얄궂은 하늘에
툭,
낙화할 때 알았다 낮은 곳이 있다는 걸
탯줄이 빠져나온 나뭇가지엔 움푹 배꼽이 생겼다
엄마의 등골은 더 깊게 파여 휘는 줄도 모르는데

그 숲엔 목어가 산다

가을, 비단 목어 떼가 사는
숲이 있다

바람이 일면
떼 지어 포르르 날아다니다

개울물에 내려 앉기도 하고
데이트 길 연인들의 어깨 위에
속삭임을 놓고 가기도 하며
책갈피 안에 꽂히기도 하였다

짓궂은 낙서 한 줄을 새겨
빨강 우체통 안을 기웃거리기도 하다가

부스러진 살점을 허공에 날리면
목어들은 이제 긴 동면을 찾아가는
동굴여행을 떠나기도 하였다

외다리로 제 삶을 지탱하고 있는
목어 나무는

빈 가지 증후군에 우듬지가 빳빳해지고 있다

헐렁해진 숲
그 사이로 파아란 하늘 바다가 열린다

수면 내시경

무슨 짓을 한 거야
온통 휘저어 놓고

무얼 찾는 거야
온통 헤집어 놓고

이건 반칙,
의식불명 상태에 압수수색이라니

겨우
털어간 흑백사진 몇 컷

별거 없네요
탈탈 뒤져도 아무것도 없네요

어디로 숨겼지
오랜 폭풍 흡입, 알코올 퇴적물

진료실 나오니 사납게 몰려든
바람의 인터뷰

무궁화꽃이 피었습니다
생까는, 한 음절

꽃 같네

담장을 넘어보는 개나리
봄, 물어 왔네
옆집 깨소금 볶는 소리 밤낮없고
세우고 세워
기어 올라선 담벼락
노란 군침 흘린 자국 귓바퀴에 걸려 휘어지면
봄, 추행하다 걸린 현행범
꽃 같네

제4부

추억 부자

추억 부자

잔불이 검은 물 위에 출렁인다
불덩이를 삼킨 검푸른 바닷가에서
소주잔을 부딪친다

통장의 잔고는 마이너스여도
함께 부딪친 술잔에 추억은 쌓인다

어느새, 이 나이 되어

은행에 쌓인 돈 많으면 뭐 하냐!
네 가슴은 텅 빈, 빈 술병인 것을

세월은 우리를 기다려주지 않는다
시계추 같은 사람아, 벌써 황혼이다

운명 교향곡

매미처럼 매여 노래하고 싶지 않았다
계절이 끝나면 영영 이별해야 하니까

비행기에 몸을 실었다
여름아 먼 곳으로 나를 데려가다오

동행은 와인 같아서 가슴이 출렁거린다
삭힌 시간을 넣고 흔들면 얼굴이 붉어져
묵힌 포도향이 배어나와
나는 중년으로 숙성된다

부딪쳐 출렁거리는 건 와인잔만이 아니어서
한잔에 서로를 섞으면
가슴은 노을보다 부풀어 낭만을 저어 활화산이 되고
더 이상 미래를 꿈꾸지 않는다

다 마신 빈 잔에 호흡이 잔류하듯
해갈된 갈증에선 오아시스 물꽃이 핀다
긴 여정 갈무리에
깊어진 여름을 떠나보내기 싫어
나는 매미처럼 한 몸에 달라붙어 울고 있었다

그 숲, 이별 준비 중입니다

혈관을 비튼 잎들이 서서히 숨통을 조인다
허공에 꽃묘를 그리는 날
우리는 나무 아래에서 기쁜 눈맞춤을 나누고
까르르 허공을 밀어내는 웃음 한가득 쏟아부었다
잘게 부순 고독,
쓸쓸한 시간을 묻고 뒤돌아 나오는 길
늦가을, 하늘은 파랗게 울고 있었다

낙조를 바라보며

경계가 사라졌다
수평선이 불덩이에 이글이글 타는 시각
붉은 소주잔이 터지고
눈동자엔 실핏줄이 터지고
과부하 걸린 심장은 터질 듯 나대고
감정 창고에선 짧은 감탄사만 연발
아! 우와! 와우!
다 잘라버린 문장에 칼질, 언어도단
누가 항변한단 말인가?
몇 년 만에 본다는 제주의 해녀
해를 품은 바다에 눈멀고 입 열어
우아하게 떨어지는 낙조에 술맛 버무려
마주 보며 부딪히는 술잔 속에
출렁거리는 붉은 여운,
술잔 속으로 낙조가 기울고
불에 달군 혀, 불바다에 아직 식지 않는다

아이스 아메리카노

각얼음 위에 떨어지는 진한 뜨거움
충돌하는 순간,
급소에 스며드는 냉혈 속 온열
날카로운 대립각이 봄처럼 풀리는 마당
폭설 같은 햇살을 뒤집어쓴 노란 수선화
뾰족했던 말 한마디 봄볕에 버리고
날카롭던 각얼음,
스스로 둥글게 깎아내린
부드러운 맛!
각진 턱선이 헤벌쭉 웃는
그대 닮은 보ㅁ !
커피 향처럼 피어나는
내 생의 봄날

11월 가을비

켜켜이 쌓인 먼지를 씻기고
한잎 두잎
선명히 물감 풀어 그려놓았다
눈 맞추기도 짧은 시간
주섬주섬 마음을 챙기고
우산도 없이 가을비로 서서
갈무리하는 끝자락을 잡고 늘어졌다
내게 눈 맞추던 잎, 선명히 그 가지에
손끝에 비에 젖은 가을, 저만치 멀어져 간다
나는 열었던 가방을 닫고 젖은 향기 말린다

비의 속성

비는 내린다고 스스로 예보한 적 없지
약비라도 내려달라는 간청에 구름을 쥐어짜보지만 빗나간 소망
사막 어딘가에 부딪혀 터지고 으깨지고 구르지
사구를 밟고 가는 낙타 다리가 풀리고 비틀대지
물의 속성은 틈을 비집는 성질이 있어
빗방울 크기를 가늠할 수 없기에 모래를 다
삼킬 수도 있고 뱉을 수도 있고 허물어뜨리기도 해
그래서 물 없는 모래 바다엔 낙타가 수영을 하지
간간히 회오리 파도가 모래 기둥을 쌓다 부서지곤 해
순간 이동을 해볼까
태풍의 날개에 떠밀려 강비로 목을 축여줬지
사람들은 번개보다 빠르게 비를 삼켜
그리고 내린다고 한 적 없는 비인 나보다 쪽집게처럼 예언해
예보가 가끔 빗나갈 때도 있지만
나를 기다리는 기도가 간절해지면 먹구름을 부풀려 힘껏 불어 봐
세어질수록 방주를 준비해야 할지도 몰라
속성을 파헤치는 데는 과학이 필요치 않아

이치를 거스르면 한계에 부딪쳐
비의 위력 앞에 나약해지는 기도가
메아리로 번져갈 때
나는 비의 줄기를 자르지
곧 너의 이마에 햇살이 입맞춤할지도 몰라

흰독말풀

처음엔 꺾지 않으려고 했어
꺾인다고 하얀 피가 멈춰지진 않아
네 눈에 보이지 않았거나 살필 관심이 부족했거나
밤이 되면 깃을 펼쳐 달을 불러들여

둥글다가도 모서리가 점점 닳다가 그 달,
내 손톱에 스며들었어
손톱을 깎으면 계속 길어나오는 달
두 손을 모으듯 둥그러지게 하얀 깃을 세우고
실핏줄 같은 목을 길게 뽑아 달의 음기를 마신다

하늘 가득 며칠, 검은 피가 출렁거렸다
달맞이하던 꽃대마다 주렁주렁 맺힌 통증에 목이 꺾였다
내 손에 하얀 피가 흥건한 채

새벽의 사람들

새벽 4시
길고양이 울음이 아파트 숲을 흔든다
고요는 소리를 밀어내는 힘이 있다
침묵이 긴장감을 고조시키듯
새벽은 하루를 준비해 놓고
잠든 이 눈속에 담겨 꿈을 빼앗는다
이미 멀쩡한 눈빛으로 어둠을 살필 때
길고양이 울음 끊기고 자동차 심장 돌리는 소리로 전환된다
벌써 어스름한 어둠 속에서 제 삶을 꾸미는 사람들,
세상 사는 냄새가 열어놓은 이른 새벽 창으로 몰려오는 서늘한 구월,
맨 먼저 풀숲을 깨우는 이슬을 본 이는 안전화 끈을 동여맨 변두리 가족의 가장이 아닐까
변화무쌍한 오늘이란 출렁다리를 무사히 건너가는 수밖에

엄마의 장독

종일 내린 비
엄마의 장독에 묻은 손때가 지워지고 있다
뚜껑을 열면 검은 하늘이 먼저 들어와 출렁거렸고
얼굴을 밀어 넣으면 일그러진 하회탈과 마주 본다
장맛에선 발효된 할머니 잔소리가 녹아 밑바닥을 긁고 있다
바람이 각을 세워 힘껏 두드려도
장대비가 날을 세워 세게 문질러도
반질반질 윤기나는 엄마의 지문을 지울 순 없다
장독 떠받치던 홀로 핀 봉숭아 꽃물
손끝에 아롱거리면
소담히 눌러앉은 소복 눈이
녹았다 얼었다 풀기를 여러 해, 쓸고 닦는다
엄마는 기억이나 할까?

선물

먼 데서 반가운 사람이 왔다
꽃 같은 아이의 마음도 함께 왔다
생각이 많았을 포장된 손길, 한 송이 꽃 같은
내겐, 네가 선물이었다는 사실
향기 넘치는 아이의 마음을 목에 두르고
거리를 나서며 자랑질해 댔다
나무가 웃다가 잎을 떨어트렸고
새가 웃다 먹이를 떨어트렸다
그 꽃은
입맞춤에 활짝 향기를 퍼부어 주었다
네가, 내겐 큰 선물인 것을

수면 마취

암흑을 즐기는 동물이 있어
눈에 불을 켜고 더 깊은 밀림 숲 동굴을 찾지
짝짓기일까 먹이사슬일까
약육강식에선 상대의 목을 물어야 해
한동안 앓고 난 후 채워진 허기가 무감각해질 때
어슴푸레 구름을 헤치고 퍼져나오는 생경한 눈빛
그 눈빛 번져가는 황홀함을 담기 위해 밤은 철저히 암흑세계를 쥐고 있지
달빛이 붉어서 낯빛이 하얘지는 밤
암흑을 즐긴 적 없지만 꿈의 기둥을 타고 날아보기로 했어
바티칸 성전의 하얀 소금 기둥은 천국이었다는 걸 체험했지
그 꿈의 천국에서 깨고 싶지 않았지만 잠시
그곳은 환상의 세계로 나를 밀어 넣어
하얀 구름 꽃 핀, 기둥 사이를 휘젓고 다녔지
눈을 떴을 때 환각 상태였음을 알고는
꿈을 잃어버리지 않으려 소처럼 되새김질하는 밤
수면 시간을 놓치고 동녘, 해 오름에 마중물로 낮이 오는 걸 직감했지

낮은, 밤을 위해 뜨겁게 살아 하루의 반을 하얀
눈 부신 햇살 마구 쏟아 내리지
식지 않을 열기가 밤의 냉기속으로 섞이면
동물들 본능이 분출하는 시간이 열리는
부드러운 밤

*2021년 12월 1일 수면마취 중 보이는 것들.

쑥대밭

밭이랑에 옥수수 줄 세워 심었다
잘 여문 날,
껍질을 벗겨보기 전
알 수 없는 여러 겹 베일에 쌓인 품질의 등급
벗길수록 드러나는 간극의 빼드렁니
성난 바람 횃불을 풀었다
S대, 옥수수밭을 나온 검증된 최상 품질 마크가 찍힌
간판, 옥수수를 선택한 뿔난 소비자
옥수수밭이 쑥대밭으로 추락하는 건
금쪽같은 시간이 흐르고 난 뒤 탈탈 털리는
깡말라 버석한 옥수수 몇 알, 겨우 남고서야

눈송이

얇게 여며서 꽃이 되는

너의 눈동자에 꽂혀, 영롱해지는

저 낮은 곳

어느새 하얀 바위로 굳어

얇게 저며서 순결로 흐르는

물의 집

창문을 열고 비를 불러들였다
아무도 닿지 않은 신선한 물방울이
손가락 사이를 빠져나가다 온기를 주무른다

뼈대도 없는 것이 바닥을 내리칠 땐
발정 난 짐승의 울음소리 포효하듯 돌바닥을 예리하게 내리찍는다

빗방울은 통증을 쓸어 모아 물결을 잇고
어깨를 부딪치며 아스팔트 바닥을 기어 기울어진 길로 접어든다

동그랗게 움푹 파인 낯선 물의 집,

먼 여행 마치고 발도 없는 붉은 발 흙탕물에 빨면
하얗게 드러나는 구름의 이빨자국이 물의 집
거울 속에서 뭉크러지며 웃는다

바람 일으켜 흔들어대는 나무에
새는 떨어지지 않는다고

부서진 물의 집이 빛줄기를 타고 오르며 던지는
그 말, 새가 물고 날아가다 툭 떨어진다

열여덟, 송알송알 포도송이만한 물방울이 터질 듯 부푼다
푸른비는 자작자작 잦아드는데

가을 저격

불 지핀 가슴에
온 숲이 타오르고
천둥이 열어 놓은 가을 문 사이로 날아든
붉은 잎새 하나,
너였다
꽃불로 타오르다 끝날 공소시효 임박

생명성 탐구와 존재의 실존방식

- 정애경 시집 『내 몸엔 모서리가 없다』

강 경 호
(시인, 한국문인협회 평론분과 회장)

1.

시인은 사물과 세계를 있는 그대로 바라보지 않고 자신의 총체성을 통해 육화된 언어로 시를 형상화시키는 사람이다. 총체성은 시인이 살아온 과정에서 형성된 정서와 사상으로 이루어진 것으로 시인만의 개성있는 목소리를 낼 수 있는 단초가 된다.

정애경 시인의 언어는 매우 감각적이다. 도발적이기도 하고 원초적 감각을 보여주기도 한다. 정애경 시인의 이전 시집 『발칙한 봄』에서 '입술' '매혹' '장미여관' '구애' '숨결' '절정' 등의 시어가 말해주듯 에로티즘을 통해 생명성을 드러낸다. 시집 『내 몸엔 모서리가 없다』에서는 생명성을 모색하는 시편들이 주류를 이룬다. 원초적인 생명성 탐구와 더불어 위기에 처한 생명들의 안타까운 상황 제시, 생명의 아름다움을 노래하는 작품들로 구성되어 있다.

시집 한켠에는 존재의 실존방식을 통해 보다 나은 삶을 지향하는, 이른바 견인시 형식의 시편들은 매우 값져 보인다. 서정시의 본질이 절망에서 희망을, 불화에서 화해를, 그리고 유토피아를 향한 목소리를 내는 것이라면, 실존방식을 드러내는 정애경 시인의 성찰과 통찰에 관한 치열성은 '왜 시를 쓰는가?'에 대한 진중한 질문이 될 것이다.

정애경 시인이 지금까지 천착해 온 '사랑'을 주제로 한 시편들은 보다 시적 완성도가 높고 '말하는 방식의 새로움'이라는 시적 형식의 성숙함이 엿보인다. 전통적인 '사랑'을 노래한 시편들과는 거리를 두고 있기 때문이다.

2.

생명성은 존재의 근본이다. 존재는 생명을 가졌을 때 비로소 자신의 삶을 영위할 수 있다. 예로부터 생명은 신적 존재만이 부여할 수 있다고 여겨왔다. 정애경의 생명성 탐구는 원초적 감각을 통해 생명성의 본질을 묘파하고, 생명의 아름다움과 환희, 그리고 생명의 상처와 강인함을 일깨우는데 초점이 맞춰져 있다. 「콩나물」에서 '콘돔' '발기' '귀두' 등 성애와 관련된 에로티즘적 상상력과 「발칙한 홍매화」에서 '자궁' '홍조 띤 볼' '엷은 입술' '불지핀 가슴'에서 보듯 '홍매화'가 꽃을 피우는 것을 "앞섶 풀어 헤치는" 여성으로 의인화 함으로써 도발적인 언술을 하고 있다. 다음의 「밤나무골 아랫동네 경로당」은 원초적 생명성을 감각적으로 형상화하고 있다.

빼꾸기 우는 유월이면 울울창창
뒷산 밤나무밭은 한창 신혼이다
후끈 달아오른
물오른 잎과 잎을 밀착, 꽃잎 비벼 들추면
질펀히 녹아 흐물거리는 바밤바 맛,
그 남자 거친 압력에 뿜어낸 비릿한 양물에
코를 처박고 헤어 나오지 못하는 신생 꿀벌 떼,
아랫마을 경로당 마당에 은은히 실어 나르는
눈치코치 없는 마파람
가을이 돼서야 열린 자궁을 빠져나온 알밤
한 광주리
반질반질 윤기 나게 실한 귀두를 매만지는 손길
풋밤이 익어가던 한창 시절도
이젠,
까맣게 잊어버린 흐린 기억
수컷 향 진하게 풍겨오는 유월 밤나무골 백발노인,
주책없이 화장실만 들락거리고

-「밤나무골 아랫동네 경로당」 전문

이 작품은 '밤나무'와 '신생 꿀벌 떼'라는 자연의 구성원들을 통해 음양의 섭리를 보여줌으로써 생명성을 고양시키고 있다. 일년 중 유월은 모든 생명들이 생기발양하게 약동하는 계절이다. 그러므로 "빼꾸기 우는 유월이면 울울창창"이고, "뒷산 밤나무밭은 한창 신혼이다"라고 하는 것이다. 여기에서 시적 화자가 주목하는 것은 "밤나무"이다. "후끈 달아오른/물오른 잎과 잎을 밀착, 꽃잎 비벼 들추면/질펀히 녹아 흐물거리는 바밤바 맛,"이 느껴진다. 건강한 '밤나무 잎과 잎을 밀착, 꽃잎 비벼'라고 성애를 연상시키는 모습을 통해 '질펀히 녹아 흐물거리는 바밤바 맛'이라고 함으로써 생명성을 극대화시킨다. 특히 '바밤바' 아이스크림의 달콤한 미각적 이미지를 구사하여 성애의 황홀함과 즐거움을 원초적 생명성의 본질로 묘사하고 있음은 매우 탁월한 비유이다. "그 남자 거친 압력에 뿜어낸 비릿한 양물"을 통해 생명의 단초를 열기 때문이다. 뿐만 아니라 "비릿한 양물"은 또 다른 생명의 양식이 되고 있다. 꿀벌들이 몰려와 양물, 즉 꿀을 먹기 위해 코를 처박고 있는 모습을 절정에 이른 봄날의 환희를 보여주기에 부족함이 없다.

이렇듯 뒷산 밤나무밭에서 밤나무와 꿀벌들이 한창 생명운동을 하고 있을 때 마파람이 "아랫마을 경로당 마당에" 밤나무밭의 생명활동의 정서적 사건들을 실어나른다. 그러나 '경로당'은 인생의 봄날이 지나간 노인들이 모이는 공간이어서 "눈치코치 없는 마파람"이라고 하는 것이다. 즉, "풋밤이 익어가던 한창 시절도/이젠,/까맣게 잊어버린 흐린 기억"만 남아있기 때문이다.

이 작품은 "수컷 향 진하게 풍겨오는 유월 밤나무골"과 "백발노인"을 대비시켜 우주적 질서에 놓여있는 생명성을 구체적인 자연현상을 통해 명쾌하게 노래하고 있다.

정애경 시인의 생명성 시편 작품세계는 생명성을 고양시키는 것만이 아니다. 「벚나무 모텔」은 벚꽃이 피는 이른 봄날, "벚나무 모텔은 만석이었다"고 하듯 벚꽃이 만발한 벚나무를 '모텔'로 비유하여 손님이 많은 것으로 의인화하였다. 그러나 재개발공사 기계음과 벚나무 모텔을 가지치기로 베어내어 모텔의 손님이었던 벌과 새가 어디로 갈 것인지를 통해 생명의 위기를 모색하고 있다. 「해체중」에서도 재개발로 사라지는 아파트들과 함께 아름드리 소나무, 벚나무가 전기톱에 "어깨가 싹둑 잘려 나"가는 폭력성을 형상화시켰다. 「상가 앞 가로수 등걸에선」에서는 "팔목이 잘린 채 외다리로 버티고 있는 가로수" 등 생명성 모색 시편의 한켠에서는 인간의 탐욕에 의해 자연의 상징이랄 수 있는 나무들이 잘려나가고 있는 모습을 고발하고 있다. 「매미는 부재중」에서는 이러한 비극성과 폭력성을 구체적으로 보여주고 있다.

울음이 메말라 버틴 손톱을 놓아버렸다
여름이 끝나갈 무렵
한번은 천둥으로 울고
한번은 장대비로 기울고

살아있다는 방증을 서로의 울대를 높이는 일

나의 나무가 잘렸다
비통할 슬픔의 진물을 닦을 시간도 없이

이제 천둥의 외침도 쩌렁쩌렁했던 울대의 각도,
흡수되지 못하고 고공행진이다

허공에 소음이 직진하는 결 따라
나의 나무는 풀썩, 드러눕는다 사지가 절단 난 채
어제 날던 새가 종적을 찾아왔건만 휑한 허공을
날개로 긁고 있다

허물어진 헐린 바닥을 포크레인이 긁고 있는 가장자리
소처럼 덩치 큰, 나무가 뼈만 앙상히 말라가고 있다
톱날에 마른 상흔만 흥건한 채

-「매미는 부재중」 전문

'만물유생萬物有生'이라 하여 모든 생명체를 인격적으로 대했던 동양사상의 핵심은 자연과 인간의 조화로운 상생이다. 그러나 자본주의와 함께 해 온 서구의 근대近代는 인간 중심의 휴머니즘으로 자연을 재화적 가치, 그리고 개발의 대상으로 인식해 왔다. 그러므로 오늘날 자연과 인간의 조화로운 상생을 지향하는 탈근대는 성찰을 배경으로 하고 있다.

「매미는 부재중」이라는 시제가 암시하듯 자연의 구성원인 '매미'의 부재는 근대의 폐해, 즉 인간의 탐욕에 의해 사라지는 생명의 상징이다. 시적 화자에게 '나무'는 자신의 자아이기도 하다. 그런 까닭에 '나의 나무'라고 한다. 그런데 "나의 나무가 잘렸다". 한때는 매미가 울었던

나무이다. '울음'은 존재를 드러내는 방식이다. 그러므로 매미가 "살아있다는 방증을 서로의 울대를 높이는 일"이라고 하는 것이다. 매미의 생존의 현장인 '나무 가 잘려나감으로써 "비통할 슬픔의 진물을 닦을 시간도 없이/이제 천둥의 외침도 쩌렁쩌렁했던 울대"를 흡수하지 못한다. "허물어진 헐린 바닥을 포크레인이 긁고 있는 가장자리/소처럼 덩치 큰, 나무가 뼈만 앙상히 말라가"는 중이다. 나무는 "톱날에 마른 상흔만 훙건한 채" 버려져 있다. 생태학적인 측면에서 나무들의 생명을 위협하는 인간의 행위를 문명 비판적 시각으로 응시하고 있다. '나무'로 상징되는 자연을 지키고자 하는 시적 화자의 절실함은 '나의 나무'라고 나무에 대한 각별한 마음이 엿보인다. 그런데 나무가 톱날에 사지가 절단나 풀썩 드러눕는 모습에 얼마나 비통하고 고통스럽겠는가. "어제 날던 새가 종적을 찾아왔건만 휑한 허공을/날개로 긁고 있"을 뿐이다. 시적 화자의 상처와 슬픔을 통해 인간의 잣대로 재단되어 사라지는 생명의 울음임을 강조하고 있다.

3.

인간은 끊임없이 보다나은 세계를 지향한다. 유토피아를 꿈꾸는 것이다. 그러기 위해서는 삶의 환경뿐만 아니라 먼저 수행과 성찰을 통해 인간다움을 지켜나가는 노력이 반드시 동반되어야 한다. 인간다움이란, 공자가 말한 '이립而立', 불혹不惑, 지천명知天命, 이순耳順은 단순히

현상적이고 생물학적인 시간개념이 아니다. 삿됨이 없는 삶을 살아가고자하는 인간의 높은 정신적 경지를 말한다. 자신의 삶을 후회하지 않기 위해서이다. 그러기 위해서 마음수행은 물론 성찰하는 삶을 살아야 한다.

정애경 시인의 시적 경향에서 돋보이는 것은 실존방식에 대한 시인의 성찰의 태도이다. 이러한 시편에서 특히 눈에 띄는 중심 시어는 '모서리'이다. 주지하다시피 모서리는 모가 나 있다. '모'는 쑥 틔어나온 귀퉁이로 정신적으로 성숙하지 못한 사람을 일컫기도 한다. '모'를 시속에 끌어들인 「가을을 깎다」에서 "아직 깎아내지 못한 나를" "모나지 않게, 돌려깎아/모서리를" 깎는다고 한다. 깎아내는 행위의 대상을 모서리로 인식하고 있어, 깎음으로써 모나지 않게 한다고 한다. 「버거운 하루 칼춤을 춘다」에서도 "밤을 깎으면 밤이 되고/사과를 깎으면 사과가 된다"고 하여, '깎음'이라는 행위의 대상을 모나지 않게 함으로써 모서리를 버린다고 한다. '깎음'이 수행하는 과정으로 인식되고 있다.

다음의 「내 몸엔 모서리가 없다」는 '모서리'의 의미를 통해 시인이 지향하는 실존방식을 오롯하게 보여준다.

> 나는 모서리가 없다
> 손톱 발톱 머리카락까지도
> 둥근 기둥을 따라 더듬어가면
> 부드러운 곡선에선 찰랑거리는 소리
> 그 속엔

해, 달 한줄기 둥글게 말아져 혈관에 고여
붉은 혈맥 뿜어 올린 나만의 꽃, 피웠다
가끔 덜 여문 언어가 튀어나와 모서리가 된 말,
이젠 다듬어져야 하는 저무는 나이,
둥글게 밀어 올린 허공에 둥글어져 버석해진
모서리 없는 고목의 휘어진 척추처럼
내 몸엔 모서리가 없다

-「내 몸엔 모서리가 없다」 전문

이 작품은 이번 시집의 표제작이다. 흔히 시인들이 시적지향을 대표하는 시를 시집의 표제작으로 사용하는 경우처럼 정애경 시인의 시집 『내 몸엔 모서리가 없다』에서 시인의 시적 무게를 어디에 두고 있는지를 짐작하게 하는 작품이다.

"나는 모서리가 없다"고 시의 첫행에서 매우 간결하게 시적 화자가 지향하는 삶의 방향을 말하고 있다. '모서리'는 앞에서 밝힌 것처럼 돌출된, 원만하지 못한 사람의 성품을 말한다. 그런데 시적 화자는 "손톱 발톱 머리카락까지도/둥근 기둥을 따라 더듬어가면/부드러운 곡선에선 찰랑거리는 소리"를 들을 수 있다. 신체의 모든 부분이 둥글어 부드러운 곡선을 하고 있음으로 찰랑거리는 소리를 내는 존재가 되기 위해서는 '부드러운 곡선'과 '찰랑거리는 소리'가 의미하는 것처럼 성품이 원만할 때 가능하다.

그러나 시적 화자는 "가끔 덜 여문 언어가 튀어나와 모서리가 된 말,"이 있다고 진술한다. 그러기 때문에 더욱 부드러워져야 한다. 시인의 고백처럼 "이젠 다듬어져야 하는 저무는 나이,"인 까닭이다. 젊은 시절 튀는 피처럼 모서리가 된 말들을 내뱉어내기도 하였지만 이제는 내적 성숙을 위해 "둥글게 밀어 올린 허공에 둥글어져 버석해진/모서리 없는 고목의 휘어진 척추처럼/내 몸엔 모서리가 없"기를 소망하는 것이다.

다음의 「내 입에선 가끔 삑사리가 났다」는 '삑사리 같은 말', 즉 잘못된 허튼 말에 대해 성찰하고 있다.

살아오면서 얼마나 많은 말을 했는가
그러나 얼마나 많은 할 말이 남았는가

내 입은 피아노 같아서
때론 조율되지 않은 건반에서
삑사리같이
말이 쏟아져 나오기도 하였다

두들기고 씹고 지져대고 나면
후련했던 적도 있었으나

입 속이 따가웠다
입 천장이 헐어 있던 날도 있었다

음 이탈로 고막을 막아야 했던
피아노 앞에서

내 입의 삑사리를 떠올려 보았다

오늘은 꽃을 보러 가기로 한다
꽃을 보아야 꽃을 말할 수 있음이었으니

조율사는 지금 얼크러진 피아노의 입안에서
삑사리를 찾아내어
입을 조율하고 있는 중이다

-「내 입에선 가끔 삑사리가 났다」 전문

앞의 작품들의 '모서리'가 '잘못된 말' '덜 여문 말'에서 비롯된 것인 바, 시인은 말이 존재의 수단임을 전제로 삑사리 같은 말을 함부로 내뱉음을 성찰하는 태도를 보여주고 있다. "살아오면서 얼마나 많은 말을 했는가/그러나 얼마나 많은 할 말이 남았는가"라고 자신에게 되묻는다. 말을 통해 지금까지 어떻게 살아왔으며, 앞으로 어떤 말을 통해 자신의 존재를 이끌어갈 것인가에 대한 인식 태도를 보여주고 있다.

그러나 말하는 일이 얼마나 어려운지를 말한다. 그런 까닭에 시적 화자의 입은 피아노같은 것이어서 "때론 조율되지 않은 건반에서/삑사리같이/말이 쏟아져 나오기도 하였다"고 고백한다. '정제되지 않은 말', '감정을 실은 말'은 누군가의 가슴을 후벼 파고든다. 이럴 때는 "입 속이 따가웠다"고 솔직한 감정을 드러낸다. '삑소리'는 '조율되지 않은 건반'을 누를 때 나오는 소리를 음이탈을 말

한다. 그러므로 '삑사리'는 상대에게는 상처와 폭력이 되는 말이다. 시적 화자 또한 누군가로부터 투척된 삑사리에 맞아본 적이 있을 것이다. 그러므로 "음 이탈로 고막을 막아야 했던/피아노 앞에서/내 입의 삑사리를 떠올려"본다. 그리고 시적 화자 자신이기도 한 조율사는 "지금 얼크러진 피아노의 입안에서/삑사리를 찾아내어/입을 조율하고 있는 중이다".

이 작품은 시적 화자가 스스로를 '피아노'라는 악기에 비유한다. 물론 세상의 모든 사람들 또한 피아노와 같은 존재이다. 때로는 피아노가 조율되지 않아 음이탈이 있듯 인간도 잘못된 말을 할 때가 있다며 자신을 성찰하고 조율이 잘된 피아노처럼 아름다운 말, 고운 선율의 악기가 되겠다는 의지를 보여준다.

이밖에도 실존방식을 묘파한 정애경 시인의 작품에서는 '줍다'라는 명제에 천착하기도 한다. "줍는다는 건 버리는 것을 닮았다" "함께 살아버린 날들을 파헤쳐 희로애락 한 줌"(「줍다」)이라며 '비움'을 통해 자신의 정신성을 견고하게 하고자 한다.

「줍다」에서는 '자유'라는 명제에 생각이 다가가 있다. "감금된 생각이 문을 열고 나가면 몸에 자유라고 낙관을 찍어 거리를 활보한다" "살아있는 것들은 통제구역에서 더 큰 자유를 갈망하며 목젖이 타도록 해갈의 갈증을 느낀다"고 함으로써 "나의 생각을 가둬둘 수 없어 네가 있는 곳으로 방목한다"고 자유로운 영혼을 노래한다. 시인의 삶의 지향과 실존방식이 어디에 있는지를 명확하게 드러내고 있다.

4.

'사랑'의 정서는 실존을 위한 인간의 위대한 에너지로 작용한다. 이성에 대한 애틋함과 그리움, 대상에 대한 조건없는 희생적인 사랑, 즉 에로스적 사랑과 아가페적 사랑을 발견해 왔다. 그러므로 '사랑'의 정서는 서정시의 출발이며, 인류의 역사와 함께 했다. 오늘날에도 여전히 '사랑'의 정서를 많은 시인들이 작품을 통해 노래하고 있다.

정애경 시인의 사랑시편은 격정적이지 않아 잔잔한 물결처럼 스며든다. 주로 자연이라는 상관물을 은유적, 상징적으로 내세워 시적완성도가 높고 설득력을 갖는다. 때로는 관념을 풀어쓰기도 하고 때로는 시인의 일어나는 연민과 그리움의 사랑의 감정들을 시로 형상화하였다.

「데이다」에서 가을 노을이 붉은 것과 붉은 단풍의 색채이미지를 '뜨거운 가슴' '불꽃' 등의 촉각이미지로 치환하여 사랑의 불에 데여 흉터가 생겼다고 한다. '사랑'의 의미를 관념적으로 해석하였다. 이에 반해 「문득」은 "깊은 밤 수신문자 한 줄"을 받은 후 "수년이 흘러도 하수처럼 설"렌다고 한다. "짧막한 그리움의 시간, 잠시 흔들렸"다고 고백하는 마음 속에 깊은 밤 문자 한 줄을 남긴 그에 대한 그리움에서 사랑의 감정을 읽어낼 수 있다. 이렇듯 정애경 시인의 사랑시편은 '그리움'과 '설레임'의 정서가 깃들어 있다.

그대 올 줄 알고
꽃으로 피어 꽃바람 부릅니다
더디 천천히 바람 타고 오셔요

여러 날 그리움에 배고픔도 모르고
눈멀었습니다
눈물 방울 겹겹이 굳어 꽃잎 된 사연

그대 아실른지

꽃 지면 그대 뒤돌아갈 것 같아서
나 드라이플라워, 뭉텅 피었습니다

촛농 빚어 단단히 굳혀
흔들리지 않는 계절 행간에서
그대 숨결로 오롯이 꽃불 피어오릅니다

여러 날,
그 꽃만 바라보셔요

-「그대 생각」 전문

시적 화자는 그리운 이가 올 줄 알고 꽃으로 피었다. 그 동안 "여러 날 그리움에 배고픔도 모르고/눈멀었"는데, 그대를 기다리며 눈물 겹겹이 굳어 꽃잎이 되어 꽃으로 피어났다. 시적 화자가 꽃으로 피어난 것은 그대가 꽃을 사랑하기 때문으로, 그대의 사랑을 오래 받고 싶어 드라이플라워가 되었다. 꽃은 생화가 아니라 말린 꽃이다. "꽃 지면 그대 뒤돌아갈 것 같아서/나 드라이플라워, 뭉텅 피었습니다"라고 진술하고 있다. 그러므로 "흔들리지 않는 계절 행간에서/그대 숨결로 오롯이 꽃불 피어오"른다. 지지 않는 꽃으로 피어있으며 그대 떠나지 않고 온전하게 사랑해줄 것이라는 믿음을 보여준다.

이 작품에서 시적 화자가 사랑하는 그대는 "꽃 지면 그대 뒤돌아갈 것 같"은 존재로 인식되고 있다. 그럼에도 그대를 향한 그리움으로 사랑을 기다리는 시적 화자는 김소월의 「진달래꽃」에서의 여성 화자와 대비된다. 즉 「진달래꽃」의 여성 화자는 체념의 정서를 보여주지만 정애경 시인의 「그대 생각」에서의 화자는 "그대"라는 시적 대상에게 '꽃'으로 피어나고자 하는 적극성을 드러낸다. '꽃'으로 피어남으로서 사랑하는 이를 떠나지 않게 할 수 있기 때문이다. 그러면서 "여러 날,/그 꽃만 바라보셔요"라고 자신의 감정을 표현한다.

이 작품을 통해 정애경 시인의 사랑의 주체는 여성적이지만 나약하거나 체념하는 전통적 여성성과는 다르게 자신의 사랑을 지켜내고자 하는 의지를 가진 존재로 보여진다.

다음의 「남자인 척 하는 남자」는 시인의 삶에서의 체험을 시 속으로 끌어들여 일상에서 만나는 사랑의 정서를 구체적으로 형상화하였다.

한 번도 당신은 아프다고 말 한 적 없었지요
평생, 든든한 나무로만 생각했나 봐요
나무도 나이 들면 작아지고 점점 말라가요
깨달음은 늘 어떤 원인에 의해 늦게 반응해요
당신은 마른 눈물을 훔치곤
눈동자를 허공에 두고 별일 아닌 듯 감정 정리를 하죠
남자여서, 남자이니까, 남자인 척
새벽, 뒤척이는 등줄기에 고민을 괴고
묵힌 체증이 식은땀으로 흥건할 때
혼자 삭혀야 하는 치통 같은 시간으로 꼬박 샌 밤
야윈 낯빛에 드리운 퀭한 그림자
남자의 안색을 살필 때 연민이 밀려와 울컥,
미처 정리되지 않은 감정이 볼을 타고 흐르죠
이젠 나무에서 벗어나 센 척하지 않아도 돼요
충분했으니, 그간 가장으로서 충분했으니

-「남자인 척 하는 남자」 전문

작품 속의 정황으로 보아 "평생, 든든한 나무로만 생각"한 당신은 시적 화자의 남편으로 생각해도 무방하다. 시인이 자신의 이야기를 시로 형상화시킨 셈이다. "한 번도 당신은 아프다고 말 한 적 없"고, "별일 아닌 듯 감정 정리를 하"고, "남자여서, 남자이니까, 남자인 척" 센 척 한 사람이 남편이다. 그러므로 "평생, 든든한 나무로만 생각했"던 것이다. 흔히 우리의 오랜 전통에서 남성은 가장의 지위를 지녀왔다. 오늘날 가장의 개념에 대한 논란이 있을 수 있겠지만, 정애경 시인의 세대에서 가장은 남편이라는 인식이 강하다. 이러한 가장이 "새벽, 뒤척이는 등줄기에 고민을 괴고/묵힌 체증이 식은땀으로 흥건"하다. 뿐만 아니라 "혼자 삭혀야 하는 치통 같은 시간으르 꼬박" 밤을 새고, "야윈 낯빛에" 퀭한 그림자를 드리운다. '당신' 또는 '남자'로 불리우는 시적 대상의 변화에 시적 주체인 화자는 "든든한 나무"도 "나이 들면 작아지고 점점 말라가"는 것을 깨닫는다. 시적 화자가 "남자의 안색을 살필 때 연민이 밀려와 울컥,/미처 정리되지 않은 감정이 볼을 타고 흐"른다. 커다란 나무처럼 그늘을 드리우고 땡볕으로부터 가족을 지키려는 나무처럼 힘들고, 외로웠을 '남자'의 고통을 이해했기 때문이다. 시적 화자는 마침내 "이젠 나무에서 벗어나"라고 한다. "센 척하지 않아도" 된다고 한다. 그동안 "충분했으니, 그간 가장으로서 충분했"다고도 말해준다.

이 작품 속에서 시적 화자가 남자를 바라보는 눈길에 따스한 사랑이 깃들어 있다. 물론 '남자' 역시, 즉 남편 시적 화자를 포함한 가족을 위하는 마음이 지긋했음은 당연하다. 서로를 위하는 마음들이 만나 흐르는 감정들이 뜨겁다. 서정시의 힘이 느껴지는 작품이다.

「사랑을 줍다」에서도 잠시 길을 떠났다가 "다시 그 자리/그리고 제자리"로 돌아온 시적 화자가 "빈집에 불을" 켜자 "당신의 온기로//이제 그대가 곁에 있어/다시 사랑을 깨문다"며 사랑하는 이를 통해 다시 사랑을 확인한다.

「무지개꽃」에서는 "네가 지켜보는 동안/네가 지켜주는 일생/무지개는 사라지지 않을 거라고" 한다. '무지개'는 아름답고 빛나는 사랑을 의미한다. 「십자가」는 '십자가'가 상징하는 희생과 사랑에 견주어 '그대의 사랑'을 영원한 것으로 인식하고 있다.